AF338825

UN DERNIER ADIEU

OU

HOMMAGE A LA MÉMOIRE

DE LA

SŒUR MARTHE

DÉCÉDÉE A NANCY

Supérieure des Filles de Saint-Vincent-de-Paul.

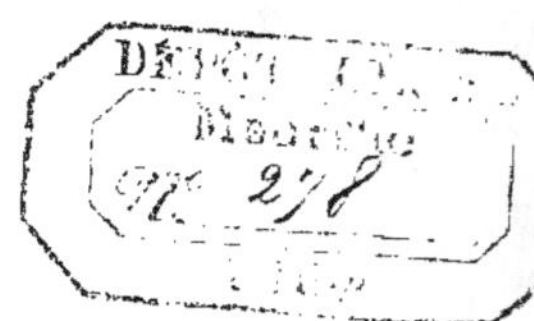

Transiit benefaciendo et sanando...
Elle a passé au milieu de nous en fai-
sant le bien, et en guérissant.
ACTES DES APÔTRES, CH. X, V. 38.

NANCY,

TYPOGRAPHIE DE N. COLLIN, RUE SAINT-PIERRE, 21.
—
1864.

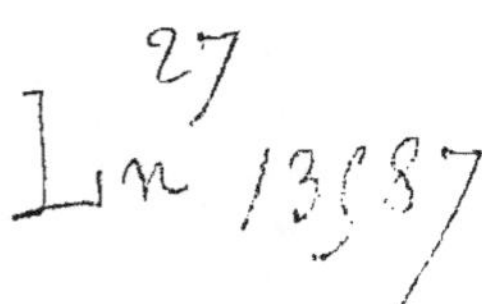

UN DERNIER ADIEU

ou

HOMMAGE A LA MÉMOIRE DE LA SŒUR MARTHE.

Il y a quelques semaines, la maison de *Providence*, à Nancy, et les filles de la charité de Saint-Vincent-de-Paul, éprouvaient une douloureuse perte qui mettait en deuil les familles pauvres de la paroisse Saint-Epvre ; la sœur Marthe, supérieure de cette communauté, arrêtée par l'âge et la maladie sur le théâtre de son zèle, tombait au milieu des pauvres, les armes de la charité à la main !...

Après une carrière remplie de bienfaits et de mérites, cette vénérable supérieure entrait dans une vie meilleure pour aller recevoir, des mains de Dieu, la suprême récompense de toutes ses bonnes œuvres.

Le service funèbre s'est fait le 3 octobre, dans l'église des *Cordeliers*, ancienne nécropole des Princes lorrains, servant actuellement de paroisse provisoire. Les notabilités de la ville, le clergé et une nombreuse assistance s'y trouvaient réunis dans une commune douleur ; tous se pressaient dans cette funèbre enceinte, non point pour honorer la dépouille mortelle d'un grand de la terre, le génie d'un savant ou les exploits d'un guerrier, mais autour d'un pauvre cercueil, et pour honorer une humble fille de la Charité de Saint-Vincent-de-Paul. Tel qu'un noble vétéran, cette humble fille avait mérité dans le service public de la bienfaisance, une couronne *civique* non moins glorieuse en prodiguant aux pauvres de la Ville-Vieille quarante-sept années de sa vie avec un zèle et un dévouement au-dessus de tout éloge.

Monseigneur Lavigerie, premier Pasteur du diocèse, voulant, par sa présence, rendre un dernier hommage aux vertus et aux mérites de la sœur Marthe, a daigné donner l'absoute et prononcer, avec l'éloquence du cœur et l'onction de sa parole, le juste éloge de cette mère des pauvres de sa ville épiscopale.

Puissent quelques traits de cette vie si utile et si populaire, consacrés à sa mémoire, et l'esquisse rapide de ses œuvres, présentée avec la simplicité que le sujet nous commande, justifier tout à la fois les regrets et les larmes abondantes qui l'ont accompagnée dans la tombe, apporter une consolation à ses pieuses compagnes que sa mort laisse inconsolables, et devenir pour nous tous un nouvel encouragement à marcher dans la voie de la charité chrétienne !

« La charité véritable découle du calvaire, c'est là qu'il faut apprendre la science du dévouement et de l'immolation. C'est de Jésus-Chrit qu'il faut recevoir la sève surnaturelle qui corrige l'âpreté de notre nature et la rend féconde pour le bien. »

« Cette sève circule avec abondance dans le sein du catholicisme, qui a conservé toute la doctrine de Jésus-Christ, tous ses préceptes et tous ses sacrements, c'est-à-dire tous les canaux de sa grâce ; de là, la puissance de la charité catholique. »[1]

Telle fut la vertu distinctive de la sœur Marthe, vertu particulière qui marqua de son empreinte les qualités de son esprit, de son cœur, et l'œuvre de toute sa vie ; sa charité fut prodigieuse dans son étendue, elle sera perpétuelle dans ses suites.

1° Née en 1796 dans un département du Midi, à Toulouse, non loin du berceau natal de l'illustre Saint-Vincent-de-Paul, *homme prodigieux qui, par ses bienfaits, a forcé notre siècle de croire à la vertu*, la jeune Marthe Pradines sembla imprégnée de bonne heure de cette atmosphère vivifiante et chrétienne qui fait les héros et les saints ; la charité fut, dès son plus bas âge, sa vertu favorite.

Qu'il est attendrissant de voir cette jeune enfant, au sein d'une famille honnête et chrétienne, partager déjà avec celui qui a faim, et souvent même lui donner, sans réserve, le pain destiné à sa propre nourriture. On la voyait alors accepter, avec une joie sensible, les petits dons ou les douceurs que sa sagesse et son aimable piété lui obtenaient de ses bons parents, pour les distribuer aussitôt à quelque infortuné de la rue ou à quelque pauvre famille du voisinage. On l'appelait vulgairement la *petite Sainte*.

Dans la carrière de son éducation, confiée à de pieuses maîtresses, la jeune Marthe se montra non-seulement élève appliquée et docile, mais aucun moment ne sera perdu, les heures mêmes que ses compagnes donnent au plaisir et au

---

1. *Du Principe chrétien de la Charité envers les Pauvres*, par M. l'abbé Guiol, vicaire-général de Marseille, page 59.

repos, elle les emploie à travailler pour les pauvres et la pieuse industrie de ses récréations devient le patrimoine de quelques malheureux.

Quels étaient donc les miséricordieux desseins de la Providence sur cette jeune fille, en qui le seigneur a allumé, avec le flambeau de la vie, les ardeurs de la charité ? Et si, jeune plante dans l'église de Dieu, elle répand autour d'elle la bonne odeur des œuvres chrétiennes, que fera-t-elle lorsque, appelée à la vie religieuse et fille de Saint-Vincent-de-Paul, elle se sera engagée par vœux à marcher sur les traces de ce grand apôtre de la France ? Ne pouvait-on pas dire d'elle comme du saint précurseur de Notre Seigneur : Que sera donc cette enfant puisque la main de Dieu se manifeste en elle d'aussi bonne heure. *Quis Putas Puer iste erit ?*

Ces traits précoces d'une charité si peu commune à cet âge, nous donnent la mesure des heureuses dispositions de la jeune Marthe, qui savait ainsi se priver elle-même pour nourrir et vêtir les pauvres *du Bon Dieu*, comme elle le disait souvent.

Chaque jour, chaque année développa dans cette nature aimante, ce don précieux de sensibilité dont le ciel l'avait enrichie. Dans l'éclat de la jeunesse on retrouvait en elle tout ce qu'on peut appeler *les charmes* de la vie : un esprit cultivé, vif, pénétrant, un cœur tendre et des manières qui surent toujours allier une excessive douceur à une grande simplicité. Le monde ne manqua pas alors de lui offrir ses plus flatteuses espérances, mais l'amour des pauvres avait été sa première inclination, et son cœur fut consacré à Dieu avant que le monde eût pu le séduire.

Son éducation terminée, ce fut pour elle l'heure solennelle du choix d'une vocation et le signal de ses luttes intimes contre la puissance des affections domestiques ; que fera-t-elle ? Pour mieux sonder ses goûts et ses dispositions, la jeune Marthe va cacher dans l'obscurité et le silence d'un hospice le charme de ses qualités naturelles, et cette douce piété qui lui ont valu l'estime et la confiance de tous ceux qui la connaissent.

L'hôpital de Toulouse, sa ville natale, devient la retraite qu'elle choisit, et c'est là, dans ces longues salles, si peuplées d'infirmités humaines et réceptacle de toutes les douleurs, que nous la trouvons, à dix-huit ans, humble postulante, au chevet des malades, les servant de ses mains, les exhortant à la résignation et leur prodiguant, avec ses premiers soins, ces attentions délicates d'une âme jeune et tendre, qui trouvent toujours le secret de consoler les infirmités et de tromper la souffrance.

Pour leur être plus utile, on la vit plusieurs fois passer les nuits auprès des moribonds, surmontant des dégoûts qui lui semblaient invincibles ; mais ce pénible ministère, aux yeux de sa foi et de sa piété, lui paraissait plus désirable en raison même des répugances qu'elle y rencontrait ; quand Dieu s'est emparé d'une âme qui a su le comprendre, sa grâce toute puissante sait bien la faire triompher des défaillances de la nature, et rendre sa faiblesse capable des plus héroïques sacrifices ; l'amour n'est-il pas fort comme la mort ? a dit l'Esprit saint : *quia fortis est ut mors delectio*[1].

Ce fut l'année 1817 que la jeune postulante, se dérobant aux empressements et aux regrets de sa famille, quitta l'hôpital de Toulouse pour entrer au séminaire des Sœurs de la Charité de Saint-Vincent-de-Paul, rue du Bac, à Paris ; précieuse et sainte communauté, admirable foyer d'une charité toujours vivace et toujours immense, si providentiellement placée à côté de cette glorieuse maison des Missions étrangères, qu'une voix autorisée dans le monde religieux et sa-

1. Cant., ch. 8, v. 6.

vant appelait naguère : *l'Ecole polytechnique du Martyre !*

C'est de là, en effet, que rayonnent dans les deux hémisphères et sous toutes les latitudes, plus de *vingt mille* filles de Saint-Vincent-de-Paul, destinées à soigner, avec une tendresse qui ne sait pas se démentir, les jeunes enfants, les vieillards abandonnés, les pauvres, les malades et les blessés ; on les trouve partout, ces étonnantes filles de la Charité, dans les hôpitaux comme sur les champs de bataille, dans les corps expéditionnaires de terre et de mer, sur les escadres comme au fond des prisons et des bagnes, partout, donnant l'exemple des plus courageux dévouèments pour l'amour de Jésus-Christ qui les presse : *Charitas Christi urget nos*[1].

Cette grande école de la Charité catholique, fut pour la vocation religieuse de notre jeune novice, déjà si bien préparée, ce que le couronnement est à l'édifice ; quelque soin qu'elle prenne de se cacher au milieu de ses compagnes, sa piété et son amour pour les pauvres percent bientôt le voile dont elle cherche à s'envelopper ; le Dieu qui l'a choisie au milieu du monde pour épouse et servante des malheureux, ne permettra pas une longue épreuve à cette âme privilégiée ; ses supérieurs l'appellent au saint habit religieux, et deux années après sa profession, la communauté de Nancy, en devenant sa première maison, devint le berceau chéri de son apostolat dans la charité qu'elle ne devait jamais plus quitter.

Avons-nous besoin de redire ici ce que fut la sœur Marthe au milieu de nous, où elle a coopéré à tant d'œuvres utiles et vu s'accomplir tant d'événements divers ? Sa charité et ses œuvres, nous en avons été les témoins ; leur éloge est sur

1. Saint-Paul, 2e épit. aux Corinth., ch. 5, v. 14.

toutes les lèvres, comme le souvenir en sera durable dans tous les cœurs.

Le soin d'une classe de jeunes filles pauvres lui fut d'abord confié, mais son amour pour les malheureux, trop resserré dans les limites d'une école, demandait un nouveau champ pour son zèle ; la montrerons-nous, cette mère des pauvres, comme son divin maître, dans les bourgades de la Galilée, parcourant, pendant près d'un *demi siècle*, les quartiers populeux et les rues étroites de la Ville-Vieille, allant de maison en maison, visitant les mansardes et les plus humbles réduits : *circuibat Jesus totam galileam ;* combien elle les aimait ces pauvres familles du peuple !... comme elle les soignait dans leurs maladies et leurs infirmités, les appropriait de ses mains, séchait leurs larmes ou écoutait leurs plaintes avec une angélique patience, *sanans omnem languorem et omnem infirmitatem in populo.* Combien de fois, par ses aumônes et les paroles de sa tendresse, n'a-t-elle pas ouvert leurs cœurs aux vérités de la religion et fait succéder, dans ces âmes aigries par la misère et la souffrance, le remords salutaire ou le calme de la conscience, aux noirs accès du plus sombre désespoir : *Prædicans Evangelium dei !...* Ministère de paix et de réconciliation qui, tombant des lèvres de la charité, savait trouver sûrement le chemin des âmes pour les éclairer, les toucher et les consoler !...

Rappellerons-nous les journées de 1830 et de 1848, alors que l'émeute grondait dans la rue ? La sœur Marthe, ange visible de la Providence, et dont Jésus-Christ fut l'unique drapeau, la devise *Tout pour les Pauvres* trouve accès dans les rangs de la classe populaire, appaise bien des esprits, calme des dissentions, car il y avait dans sa personne l'autorité des bienfaits et le charme secret de la vertu ; ne semblait-elle pas, dans ces jours troublés, multiplier ses courses pour répandre plus abondamment les services de son zèle ?

C'est à cette époque de 1830 que, par ses soins et non sans courage, la communauté de Saint-Vincent-de-Paul put devenir à Nancy l'asile caché et assuré d'un vénérable prêtre, momentanément persécuté ; M. le chanoine Menjaud, Proviseur au collége royal, trouva, à ce moment de disgrâce passagère, auprès de cette mère de toutes les infortunes, non-seulement un abri tutélaire contre l'orage des passions politiques, mais encore dans sa communauté les consolantes fonctions du saint ministère qu'il ne pouvait plus, sans danger, publiquement exercer.[1]

Aucun genre de charité ne fut étranger à cette héroïque supérieure, et si la sœur Marthe avait, de bonne heure, consacré sa vie au service de Dieu et des pauvres, combien de fois a-t-elle voulu aussi lui vouer sa mort?

Le choléra en fut un éclatant témoignage ; ce terrible et mystérieux fléau, devant lequel par trois fois dans un *quart* de siècle, la science déconcertée a dû fermer ses livres inutiles, sévissait dans les quartiers de la Ville-Vieille[2] ; cette courageuse fille de la Charité, ne restant point en arrière de tant d'autres dévouements religieux et laïques qui se signalèrent à cette époque dans notre ville, en parcoure les rues, pénètre dans les maisons atteintes de la maladie, monte les degrés jusqu'au troisième et quatrième étage pour apporter à leurs pâles habitants des secours et des consolations. Impuissante à tout faire par elle-même malgré son activité prodigieuse, la sœur Marthe s'était donné des compli-

---

1. En souvenir de ce bienfait, M. le chanoine Menjaud, ancien évèque de Nancy et de Toul, décédé archevêque de Bourges, a laissé en mourant à la sœur Marthe, pour ses pauvres, la somme de 5,000 francs.

2. C'est-à-dire la partie la moins aérée de la ville. Nancy, malgré sa réputation de grande salubrité, fut cruellement éprouvé. Les décès se comptaient par centaine, et l'effroi était général.

ces dans la conjuration du Bien, c'étaient ses chères filles, ces anges à forme humaine qui ne peuvent se sauver de l'admiration universelle malgré toute leur modestie ; ô vous donc, si dignes de comprendre votre mère, si dignes de la servir, dites-nous vous-mêmes où vous êtes allé pour elle, où plutôt dites-nous où vous n'êtes point allé, dans ces temps calamiteux de panique publique ?

Pendant que ses compagnes s'inspirent de son dévouement, cette vénérable supérieure vole où le danger est le plus pressant ; la contagion qui l'y attend semble n'être pour elle qu'un motif de plus pour presser sa charité et précipiter sa course. Dépositaire des secours confiés à son zèle par des âmes charitables de la paroisse, elle apporte aux uns des vêtements, aux autres une nourriture abondante et ses soins maternels à ces pauvres familles devenues, par l'insalubrité de leurs habitations et les privations de tout genre, les premières et les plus ordinaires victimes du fléau destructeur. La reconnaissance populaire ne l'a point oublié ; ici, la sœur Marthe secoure les cholériques des deux sexes déjà livides et défigurés ; là, elle console des moribonds par les espérances de la foi chrétienne. Et ne l'a-t-on pas vue ensevelissant elle-même leurs cadavres, alors que dans ces étroits et funèbres réduits, ils ne tardaient pas à exhaler *la décomposition* et la mort !...

Quelle soit à jamais bénie, la religion sainte qui fait la sœur, la fille de Saint-Vincent-de-Paul ! La religion seule possède le secret divin d'inspirer à un sexe faible et délicat un courage surhumain qui tient du prodige !!...

Ces malheurs publics ne pouvaient absorber une activité qui semblait rajeunir sous le poids des années ; le Bureau de Bienfaisance de la ville de Nancy, cette utile et louable institution, voulant établir un grand centre de distribution de secours dans les quartiers de la paroisse Saint-Epvre,

choisit spécialement, pour cette œuvre, la communauté des
Filles de la Charité ; cette maison n'était-elle pas, en effet,
connue des pauvres depuis longues années ? C'est à la sœur
supérieure que les intelligents et zélés administrateurs en
confièrent la direction : servir elle-même les déshérités de la
fortune, se voir entourée tous les jours en temps de choléra
ou de disette, et ordinairement deux fois par semaine, d'une
population indigente : femmes, jeunes filles, enfants dégue-
nillés qui lui apportaient avec leurs angoisses, les angoisses
de toute une famille et qui l'appelaient leur *mère* , c'était
son bonheur et sa joie ! sa charité, aussi ingénieuse que
prudente, suppléait à tout, et pendant que les malades à do-
micile recevaient les remèdes et les soins pharmaceutiques,
prescrits par les médecins du Bureau de Bienfaisance, plus
de cinq cents pauvres venaient demander à ses soins affectueux le pain, les légumes et le bois nécessaires à leur en-
tretien et à leur subsistance.

C'est ainsi que, pendant quarante-sept ans, la charité de
sœur Marthe, embrassant la misère dans tous ses degrés, a
été féconde, prodigieuse dans son étendue. Nous dirons, en
peu de mots, par quel art merveilleux elle a su la rendre
perpétuelle dans ses suites.

2° Consacrer au soulagement du Pauvre tous les jours
de sa vie et jusqu'à sa dernière heure, c'est noblement mériter
de Dieu et des hommes, mais en poursuivre la continuation
après sa mort, en faveur des générations futures, c'est aux
yeux de la religion et de l'humanité, le sublime du dévouement, le dernier sceau de la charité chétienne.

Longtemps avant l'établissement de l'œuvre si admirable des
Petites Sœurs des Pauvres, à Nancy, le spectacle lamentable
de la vieillesse indigente et délaissée avait ému la sensibilité
naturelle de cette âme d'élite ; la sœur Marthe voulut fonder

en sa faveur, dans la communauté de Saint-Vincent de Paul, le bienfaisant abri d'un hospice ; et depuis ce jour, un certain nombre de vieillards des deux sexes, trahis par la fortune ou le malheur, y trouvent une nourriture substantielle, réchauffent à la flamme de ce foyer domestique leurs membres épuisés ou un sang appauvri, et sont l'objet des affections et des soins d'une famille adoptive. Comment redire ici les bons offices et le tendre dévouement dont la sœur Marthe a constamment entouré leur décrépitude, leur misère et leurs infirmités ; non, rien ne fut au-dessus de sa charité, pas plus, le défaut si ordinaire à la vieillesse malheureuse, l'absence *de propreté*, pas plus le caractère difficile des uns que les *plaies* parfois hideuses des autres, alors que ces vieillards, dévorés tout vivants par un mal rongeur, éprouvaient eux-mêmes les premières horreurs du sépulcre.

Pauvres et infortunés vieillards, combien de fois n'avez-vous pas admiré et béni l'angélique courage de celle que nous pleurons tous, vous ne craignîtes jamais d'épuiser un cœur aussi tendre ; nuit et jour avez-vous imploré en vain ses soins et son assistance ? Et, lorsque toutes ses ressources étaient épuisées pour vous, vous l'avez vue fréquemment s'en aller frapper à la porte du riche, visiter les grands, et là, dans un appartement tendu de velours, sous les lambris dorés de la fortune, cette humble servante de Jésus-Christ, sollicitant la charité pour ses pauvres, se montrait plus persuasive et plus patiente que si elle eut demandé pour elle-même ; non, elle ne craignait pas de ne pas vous soulager assez, car s'il le fallait, elle empruntait pour vous donner encore.

A côté de la vieillesse malheureuse, les jeunes filles pauvres furent l'objet de ses plus incessantes préoccupations ; parmi les œuvres si multipliées dans notre ville, et destinées à porter leurs bienfaits dans la classe pauvre, l'association des Dames de *la Providence* occupe une place marquée dans la charité publique. Cette œuvre naissante fut bercée, il y a trente-huit ans, sous l'œil de Dieu et sans bruit, dans la paisible enceinte de la communauté de Saint-Vincent-de-Paul[1]. La sœur Marthe fut à cette époque une de ces âmes zélatrices pour lesquelles le bien n'est pas seulement un devoir, mais un irrésistible besoin : à sa voix toujours éloquente quand elle plaidait la cause des pauvres, un certain nombre de dames chrétiennes de Nancy se réunissent, se cotisent et l'Orphelinat de *la Providence*, déjà fondé dans la maison des Filles de la Charité, prend un accroissement considérable ; la supérieure réorganise, dirige et surveille cette œuvre avec le plus grand zèle ; et depuis ce moment, par le bienfait de cette association, cinquante jeunes filles, privées de leurs familles ou délaissées de leurs parents, s'y succèdent sans interruption et sont préservées, par une éducation chrétienne et l'apprentissage d'un état, de la précoce dégradation et de la misère certaine, auxquelles le malheur de leur naissance semblait les avoir vouées de bonne heure. Avec quelle tendre sollicitude, la sœur Marthe en visitait les ouvrages ! quelle impulsion donnée à la décence, au bon ordre et à la piété, par les encouragements et les secrètes attentions dont elle accompagnait toujours ses justes réprimandes ou ses conseils maternels !..

Nous les avons admirées ces réunions mensuelles de charité, composées de dames pieuses dont la généreuse et persévérante cotisation vivifie cette œuvre si utile de *la Providence*. Les biens de la fortune deviennent entre leurs mains les trésors de la *miséricorde*, et ces nobles bienfaitrices ne se souviennent de leur naissance, que pour rendre à Jésus-Christ, dans la personne de l'enfance abandonnée,

---

1. Sous l'épiscopat de Mgr de Forbin-Janson.

des services plus affectueux et des soins plus empressés; or, ne peut-on pas dire, sans crainte d'être accusé d'exagération, que la sœur Marthe a été, pendant trente-huit ans, le ressort actif, le mobile instigateur et l'âme généreuse de ces saintes assemblées dans la chapelle de Saint-Vincent-de-Paul?

Tant d'œuvres populaires ne suffisaient pas à cette âme dévorée des ardeurs de la charité. L'Œuvre de *la Providence* ne fut que la sœur aînée d'une autre Œuvre non moins utile; la sœur Marthe prêta son concours à M. l'abbé Menjaud, chanoine titulaire de la cathédrale, pour fonder, dans sa chère communauté, un second ouvroir sous le vocable de *Saint-Vincent*. Ces deux nobles âmes, mues par le sentiment du bien pendant la vie, comme elles sont réunies dans le ciel après leur mort, se sont entendues : l'une donne des règles de sagesse et l'autorité de son ministère évangélique, l'autre son infatigable activité et le poids de ses exemples, et la ville de Nancy put compter dans ses murs une nouvelle école de moralisation et de travail; c'est dans l'ouvroir *Saint-Vincent* que se forment chaque jour dans les travaux de la couture de jeunes et modestes ouvrières qui, au terme de leur éducation professionnelle, s'en vont répandre dans la ville et dans la campagne les heureux fruits d'une jeunesse édifiante et d'une utile industrie; avec quel soin et quelle vigilance, la sœur Marthe aimait à s'occuper du salut et de l'avenir de ces chères enfants ! quel zèle et quel dévouement pour former, maintenir et encourager parmi elles les vocations religieuses !.. Et depuis trente ans, la prospérité de ces deux Œuvres de charité, unies par la douce fraternité d'une commune origine, et par une même administration, a prouvé, bien mieux que nos paroles, leur importance et leur utilité au sein de l'intelligente et laborieuse population nancéïenne.

Hâtons-nous de pénétrer dans son intérieur de famille

religieuse, et mentionnons en passant les rapports intimes de cette vénérable supérieure avec ses chères filles : sous un abord modeste et réservé, la sœur Marthe cachait un cœur maternel pour ses chères compagnes. Une des préoccupations de sa vie c'était le soin de leur santé, et sa plus grande jouissance fut toujours de les voir unies entre elles, et retrouver, au sein de la communauté, cette vie de famille qu'elles avaient si généreusement sacrifiée pour le service de Dieu et des pauvres. A cette fin, la sœur Marthe n'a négligé aucun moyen, et toujours elle a réussi. On ne quittait la Maison de Saint-Vincent qu'avec des larmes et des regrets bien légitimes ; la douleur des Filles de la Charité qui ont été rappelées, par ordre supérieur, pour aller vivre loin de celle qu'elles aimaient comme une mère, en est une preuve convaincante.

Enfin, après une vie remplie par tant d'œuvres méritoires, à l'âge de 68 ans, la sœur Marthe a pu voir venir sans trouble, avec sérénité et même avec joie, le terme de sa carrière sur la terre ; elle a pu dire avec l'apôtre saint Paul : « J'ai fini ma course, j'ai gardé la foi et la charité, il ne me reste qu'à recevoir la couronne du juste juge. » Et s'il nous est permis, en terminant ce modeste travail, d'appliquer à cette humble fille mourante, ce que Bossuet disait du valeureux comte de Fontaines, porté dans sa chaise, malgré ses infirmités, aux plaines de Rocroy « *montrant qu'une âme guerrière est toujours maîtresse du corps qu'elle anime,* » un seul mot, tombé de ses lèvres sur la couche de sa lente agonie, nous la dépeint comme le vrai type et parfait modèle de la sœur de charité :

« Mon plus grand péché, disait-elle un jour, c'est de ne pouvoir plus travailler pour les pauvres ni m'occuper d'eux. J'ai mené une vie si active, toujours en haleine et sur pieds... et maintenant je ne fais rien pour le Bon Dieu. » Un ecclésiastique, édifié de ce pieux regret, lui fit remarquer qu'après avoir donné les soixante-huit années de sa vie au Seigneur dans la personne de ses pauvres, elle méritait encore à ses yeux par son union à ses divines souffrances. — « C'est après le combat, ma chère sœur, lui dit il, qu'on sent ses blessures et les vôtres sont glorieuses. — Ah ! j'espère dans la miséricorde de mon Dieu, ajouta-t-elle, mais s'il le voulait encore, je sens en moi du courage et de la bonne volonté pour aller retrouver mes pauvres; mes forces seules s'y refusent. »

C'est dans ces sentiments d'une foi vive et d'une entière confiance en Dieu, que cette âme si pure, entourée des consolations de la religion, des prières et des larmes de toute sa communauté, s'est endormie paisiblement dans la joie du Seigneur, le samedi 1er octobre, à dix heures du matin.

Partez pour le Ciel et recevez notre suprême adieu, ô sœur Marthe, ô mère des pauvres à jamais regrettée!.. vous n'avez cherché dans ce monde qu'un seul but, vous n'avez eu qu'une aspiration, vous n'avez ambitionné qu'une récompense : Dieu, l'amour de vos frères malheureux, la vertu !.. Votre confiance n'a pas été trahie, non, la mort n'est pour vous ni un piége ni un mensonge, non, vous ne rencontrez point dans les ténèbres du sépulcre l'affreuse captivité du néant, mais la glorieuse transformation promise à votre foi et à vos vertus ; l'Eternel a placé dans nos cœurs la conscience de nos grandes destinées, et Notre Seigneur Jésus-Christ a dit : Je suis la résurrection et la vie, celui qui croit en moi, serait-il mort ? vivra[1].

1. *Ego sum resurrectio et vita, qui credit in me, etiamsi mortuus fuerit, vivet.* Saint Jean, ch. II.

Votre poussière peut bien trouver une prison temporaire dans cette tombe, où vous ont accompagnée nos regrets, notre douleur et la reconnaissance des pauvres de la Ville-Vieille, mais votre âme a trouvé des ailes dans la mort même, pour continuer vers Dieu son vol sublime et recevoir de sa justice, la récompense de vos bonnes œuvres !.. Combien de pauvres Lazare vous ont accueillie au seuil de l'immortalité !.. vous l'avez entendue cette divine parole : « J'ai eu faim et vous m'avez donné à manger en mes pauvres, j'ai eu soif et vous m'avez donné à boire, j'ai été nu et vous m'avez vêtu, j'ai été infirme, malade, prisonnier, vous m'avez visité et secouru de vos aumônes, ah ! venez, âme bénie de mon Père, possédez le royaume qui vous a été préparé ! »

Du haut du Ciel, protégez votre famille adoptive sur la terre, conservez, dans cette maison qui vous fut si chère et où vous laissez un grand vide, votre amour du pauvre, et ce noble héritage de dévouement et de zèle dont vous l'avez dotée, afin que, marchant sur vos traces, et guidés par vos exemples, nous puissions, par la même voie, vous rejoindre dans les splendeurs de la gloire, et partager votre éternel bonheur !..

L'ABBÉ BLANC,

*Chanoine honoraire, Aumônier du
Lycée impérial, Directeur de
l'Ouvroir Saint-Vincent.*